L44
1506

A PROPOS

D'UNE

BIBLIOGRAPHIE

NAPOLÉONIENNE

PAR

Le Baron Oscar de WATTEVILLE
DIRECTEUR HONORAIRE AU MINISTÈRE DE L'INSTRUCTION PUBLIQUE

PARIS
LIBRAIRIE HISTORIQUE DES PROVINCES
ÉMILE LECHEVALIER
39, QUAI DES GRANDS-AUGUSTINS, 39

1894

A PROPOS

D'UNE

BIBLIOGRAPHIE
NAPOLÉONIENNE

OUVRAGES DU MÊME AUTEUR

- Rapport du Jury international (Exposition de 1867); globes, cartes, appareils pour l'enseignement de la géographie. In-8°, Paul Dupont, 1867 (*épuisé*).
- Rapport sur les Bibliothèques scolaires, depuis l'origine jusqu'en 1886. Imprimerie impériale, in-8° 1867.
- Rapport au Ministre de l'instruction publique sur la collection des documents inédits de l'histoire de France et sur les actes du Comité des travaux historiques. In-4°, Imprimerie nationale, 1874.
- Rapport au Ministre de l'instruction publique sur le service des missions et voyages scientifiques en 1874. In-8°, Imprimerie nationale, 1875 (*épuisé*).
- Rapport au Ministre de l'instruction publique sur le service des missions et voyages scientifiques en 1876. In-8°, Imprimerie nationale, 1877 (*épuisé*).
- Rapport au Ministre de l'instruction publique sur l'emploi de la photographie dans les établissements scientifiques et littéraires dépendant du Ministère. In-4°, Imprimerie nationale, 1877.
- Rapport au Ministre de l'instruction publique sur le Muséum ethnographique des missions scientifiques. In-8°, Imprimerie nationale, 1877 (*épuisé*).
- Rapport a M. Bardoux, Ministre de l'Instruction publique, sur le service des Bibliothèques scolaires (1866-1877). In-8°, Paris, Imprimerie nationale, 1879.
- Rapport administratif sur l'Exposition spéciale du Ministère de l'Instruction publique à l'Exposition de 1878. In-8°, Paris, Hachette et Cie, 1886.

- Résumé des principes de la science héraldique. In-12 (avec planches), Paris, Didot, 1857 (*épuisé*).
- Étude sur les devises personnelles et les dictons populaires. Paris, Emile Lechevalier, brochure in-8°, 1888.
- Le Cri de guerre chez les différents peuples. Paris, Emile Lechevalier, brochure in-8° de 1889.
- Un intérieur de grand seigneur français au XVe siècle. Paris, Emile Lechevalier, 39, quai des Grands-Augustins, brochure in-8°, 1890.
- Comment le Roi de Rome devint duc de Reichstadt. Paris, Emile Lechevalier, 39, quai des Grands-Augustins, brochure in-8°, 1890.
- Lettre d'un collectionneur à M. Spire Blondel, auteur du livre des Fumeurs, Paris, H. Laurens, 6, rue de Tournon, brochure grand in-8°, 1891.
- De la création d'une noblesse nationale aux Etats-Unis. Paris, Emile Lechevalier, 39, quai des Grands-Augustins, brochure in-8°, 1892.

A PROPOS
D'UNE
BIBLIOGRAPHIE
NAPOLÉONIENNE

PAR

Le Baron Oscar de WATTEVILLE

DIRECTEUR HONORAIRE AU MINISTÈRE DE L'INSTRUCTION PUBLIQUE

PARIS
LIBRAIRIE HISTORIQUE DES PROVINCES
ÉMILE LECHEVALIER
39, QUAI DES GRANDS-AUGUSTINS, 39
—
1894

Une
Bibliographie Napoléonienne[1]

―⋅|⋅|⋅―

> La bibliographie devient de plus en plus une science de précision.
> L. DELISLE.

Encor Napoléon ! Encor sa grande image !

s'écriait en 1831 Auguste Barbier dans ses *Iambes*, alors qu'il était obsédé par ses hallucinations républicaines. Que dirait-il donc de nos jours ? — s'adressant à l'Empereur il pourrait, mais peut-être dans un tout autre sentiment, lui répéter ces vers de la même strophe :

> Maintenant tu renais de ta chute profonde :
> Pareil à l'aigle radieux,
> Tu reprends ton essor pour dominer le monde,
> Ton image remonte aux cieux !

Oui, l'aigle aujourd'hui reprend son essor ; oui, l'idée napoléonienne reconquiert la France. — Elle fut conservée pieusement, d'abord, par quelques hommes dévoués qui n'étaient ni oublieux, ni ingrats. Puis elle fut mise en lumière par des collectionneurs intelligents. Les uns, comme M. Masson, recherchèrent les livres, les documents ; d'autres comme M. Sarlande, les gravures, comme M. Le Roux tous les objets montrant l'intensité de ce que Béranger appelait les « Souvenirs du peuple » ; d'autres surent trouver, comme le marquis de Girardin, les bronzes, comme MM. Detaille, G. Bapst, Raffet, Maurice Levert,

---

[1]. Alberto Lumbroso, *Sagio di una bibliografia ragionata per servire alla storia dell' epoca Napoleonica*. Modena, 1894. = *Essai d'une bibliographie raisonnée pour servir à l'histoire de l'époque Napoléonienne*, par Alberto Lumbroso. Modène, 1894, in-16 carré de XXIV et 155 pages.

Meissonier les armes et les objets d'équipement militaire, comme M. de Bammeville les médailles et les monnaies. — Puis vint le troupeau de Panurge, et ceux qui le composent; ceux-là ramassèrent tout, le mauvais et le bon. — C'est ainsi que l'idée s'est d'abord infiltrée dans les masses, puissamment aidée dans son développement par l'incapacité des hommes qui nous gouvernent, par leur coupable négligence des intérêts du peuple, par leur faiblesse dans la répression des attentats les plus criminels, tant que ces attentats ne les menaçaient pas directement. A l'heure actuelle « le petit chapeau et la redingote grise » apparaissent à nos soi-disant hommes d'État comme le *Mane, Thecel, Phares* de la Bible. Ils sentent que leurs jours sont comptés, et, quelle que soit leur outrecuidance, chacun d'eux se rend bien compte que, comme Balthazar, il n'est qu'un *minus habens*[1].

Le plus grand propulseur de ce mouvement napoléonien a été le livre. Sans livres, sans documents point d'études sérieuses possibles, sans études point de convictions raisonnées. Aussi, bien avant l'engouement pour les bijoux, les meubles ou les modes de l'époque impériale, les histoires, les mémoires, les autographes traitant de la « grande Epopée » ont-ils été avidement recherchés. Créer une bibliothèque napoléonienne semblable à celles de S. A. I. le prince Victor-Napoléon, à celle de S. A. le prince Roland Bonaparte, à celle de S. M. le Roi d'Italie, serait à l'heure actuelle chose difficile, impossible peut-être. Ces sortes de livres deviennent rares et atteignent des prix exorbitants. Les *Souvenirs* du colonel de Gonneville valaient à l'origine 3 francs, ceux du baron Berthezène en valaient 15, et maintenant ils trouvent acquéreur les premiers à 12 francs, les seconds à 60, la première édition des *Cahiers* si intéressants du capitaine Coignet édités par

---

1. Daniel; caput vi, § 26. Et hæc est interpretatio sermonis : *Mane :* numeravit Deus regnum tuum, et complevit illud. § 27, *Thecel :* appensus es in Statera et inventus es minus habens,....

M. L. Larchey il y a dix ans sont montés de 3 francs à 20 francs. Et, sans pousser plus loin cette nomenclature[1] ajoutons seulement, — le fait est caractéristique, — que les quatre volumes du maréchal Gouvion Saint-Cyr sur les *Guerres de la Révolution* ont été adjugés en vente publique, l'an dernier, pour 40 francs et les quatre volumes sur les *Guerres de l'Empire* ont été poussés jusqu'à 120 francs ! Ces chiffres ont leur éloquence. Ils montrent bien les difficultés que l'on éprouverait pour se former une bibliothèque en un court laps de temps, et les sommes qu'il faudrait dépenser, non pas pour en avoir une un peu complète, mais simplement pour réunir le strict nécessaire.

C'est que ces livres sont légions ! Si l'on prend dans un recueil qui fait autorité et sur lequel nous aurons à revenir, le *Catalogue de l'Histoire de France* de la Bibliothèque Impériale[2], le tome III (il ne renferme que ce qui se rapporte directement à l'histoire de l'Empire) on trouve classés chronologiquement plus de 2,000 ouvrages ou pièces[3], sans parler des renvois plus nombreux encore aux diverses sections dont le catalogue n'a pas paru : poésie, législation, etc. Dans ce nombre ne sont pas

---

1. La première édition du *Mémorial de Sainte-Hélène* est pour ainsi dire introuvable ; les ouvrages de Marco Saint-Hilaire, jadis relégués chez les bouquinistes du quai, sont aujourd'hui fort recherchés, etc., etc.

2. Dans les dix premiers volumes, publiés de 1855 à 1870, la Bibliothèque a porté le titre d'impériale ; sur le tome XI (le seul paru des suppléments), publié en 1879, cet établissement porte le titre de : nationale.

3. Dans ce catalogue, toute publication de moins de 50 pages est classée comme pièce, de plus de 50 pages comme volume.

Voici le détail des divisions du tome III :

Publications antérieures au Consulat..	Nombreux ouvrages : Mémoire.
Consulat (classé L.b 43)...............	343 numéros.
Empire (classé L.b 44)................	672 —
Première Restauration (L b 45)........	457 —
Les Cent Jours (L b 46)..............	475 —
Deuxième Restauration	Nombreux ouvrages : Mémoire.
Mort de l'Empereur (L b 48)..........	167 numéros.
Depuis sa mort	Nombreux ouvrages : Mémoire.
	2,114 numéros,

(sans compter les numéros des chapitres portés pour mémoire).

compris les volumes qui se rapportent à l'enfance, aux débuts du général Bonaparte depuis le siège de Toulon jusqu'au 18 Brumaire; ne sont pas compris bien des chapitres de l'histoire du règne que l'on trouve classés sous des rubriques spéciales; ne sont pas compris non plus les livres si nombreux publiés dans les pays étrangers et qui traitent des rapports de ces divers pays[1] avec la France pendant les premières années du siècle; enfin toutes les publications depuis 1879, c'est-à-dire depuis quinze ans!

Si dans les deux mille numéros et plus, dont nous venons de parler, il y a des brochures, des placards même, il y a également de volumineux ouvrages. Nous n'en citerons qu'un seul, un des plus connus : l'*Histoire du Consulat et de l'Empire*, par M. Thiers[2], à laquelle il faut joindre son introduction indispensable : l'*Histoire de la Révolution*, soit en tout trente volumes in-8° et deux atlas.

La règle en bibliographie, pour connaître approximativement le nombre des volumes d'une collection étant de multiplier par trois le nombre des titres d'ouvrages, l'application de cette règle, au catalogue qui nous occupe donnerait cinq à six mille volumes à consulter rien que pour les parties signalées plus haut. Par ces quelques chiffres

---

1. Ils sont classés sous la rubrique d'histoire de chaque pays ; Histoire d'Angleterre, d'Italie, d'Allemagne, etc, dont les catalogues ne sont pas publiés.

2. Malgré le titre d' « Historien national » décerné un peu à la légère à M. Thiers, qu'il nous soit permis de le signaler comme un guide peu fidèle aux personnes qui commencent l'étude de la période de 1789 à 1815. Journaliste éminent il fut, mais non pas historien. Au moment de ses débuts, les méthodes historiques rigoureuses, introduites depuis par l'École des Chartes, n'étaient pas connues. Alors, on prenait pour devise l'épigraphe choisie par M. de Barante : *Scribitur ad narrandum non ad probandum*. Rien d'étonnant donc si l'*Histoire de l'Empire* renferme de nombreuses erreurs. Sans citer ici toutes les critiques suscitées par cet ouvrage dans les journaux, dans les revues ou même en volumes (ce serait une bibliographie spéciale), nous nous contenterons de rappeler les réfutations de M. le duc de Bellune qui, en ce qui concerne uniquement son père, a relevé trois mille erreurs. Une entre autres fort singulière qui fait assister le maréchal à deux combats, l'un en Espagne, l'autre en Allemagne, combats livrés le même jour.

on peut donc se rendre compte de la difficulté qu'il y aurait à former rapidement une bibliothèque napoléonienne. Que de recherches, ne serait-ce que pour consulter les livres indispensables ! Aussi, l'ouvrage si utile de M. Lumbroso, sa *Bibliographie napoléonienne*, n'ayant encore qu'un seul fascicule de publié, le meilleur conseil que l'on puisse donner à l'heure présente, à quiconque veut étudier l'Empereur et l'Empire, serait de consulter les onze grands in-4° du *Catalogue de la Bibliothèque*.

Il ne faut pas croire que la lecture de ce document volumineux soit fastidieuse ; loin de là. Cette lecture est toujours instructive, souvent même amusante, car la bibliographie n'est pas « ce qu'un vain peuple pense ». En parcourant les titres d'ouvrages on voit apparaître les contemporains, on croit entendre ou leurs cris de victoire ou leurs clameurs irritées, on assiste au triomphe ou à la défaite. Pour prouver notre dire, prenons comme exemple la lamentable année de 1815.

Donnons d'abord la parole aux partisans de l'Empereur, en commençant par les poètes [1].

Les lyriques sont nombreux ; dans le nombre nous ne citerons qu'une seule Ode : « Le retour *miraculeux* de Napoléon de l'île d'Elbe », puis viennent :

L'Alleluia des Français.
Resurrexit ! Bobèche sera enterré — Bobèche c'était Louis XVIII.
Napoléon ou le Conseil de l'Olympe.
V'là l'bouquet ! N'boudons pas !
Le bouquet des invincibles, ou Napoléon en famille.
Présentez vos armes ! Vive l'Empereur ! Ronde de la Garde nationale, chantée le 16 avril à la grande revue de S. M. l'Empereur.
Napoléonides ou fastes lyriques de la France.

---

1. Naturellement, cette liste est fort incomplète et ce volontairement ; nous n'indiquons ici que les écrits dont le titre nous a le plus frappé.

Une pièce sans titre commençant ainsi :

> Sous les traits d'un héros que la France révère,
> Français, vois ton soutien et reconnais ton père,

par Roquette, volontaire, fourrier au 3ᵉ régiment de la jeune Garde Impériale.

Passons maintenant aux prosateurs, en commençant par les solennels, les politiques :

Le triomphe de la philosophie sur les idées de la féodalité, ou le 20 mars 1815, par A. Hus, in-8°.
Question importante à l'ordre du jour, proposée par un cosmopolite ami de la liberté, résolue par un philanthrope ennemi du despotisme, par C. Rouger, 15 mai (époque du champ de mai) 1815, in-8°.
Vœu d'un républicain en faveur de la dictature, par A. Roger, in-8°.
Le peuple et un dictateur sauveront l'honneur et la patrie; après viendra la Constitution, in-8°.
Liberté! Patrie! Napoléon! L'Honneur! imprimé à Saint-Brieuc, in-4°.
Grandes et importantes questions de droits politiques, civils et militaires à résoudre... Français aux armes! Des Tarquins nouveaux vous menacent et avec vous la liberté du monde! in-8°.
Apologie de l'Empereur Napoléon, par Chevreau, in-8°.
L'Hercule des anciens et Napoléon, in-8°.
Magnanimité de l'Empereur des Français, par Varlet, in-8°.
Épître selon saint Napoléon, in-8°.
Evangile selon saint Napoléon, in-8°.

J'en passe et des meilleurs — pour arriver aux cris de guerre contre les alliés, aux cris de fureur contre les royalistes :

Le premier coup de canon. — Si Napoléon n'a pas d'alliés parmi les Rois, il en aura parmi les peuples, in-8°.

Qu'ils viennent (les alliés), *nous les attendons, voilà comment nous les recevrons!* par Mayer Joseph, in-4°.

Halte-là, voisins! Nous sommes là! ou gare la bombe, et ça finira mal! par R. André, in-8°.

C'est fini; ils ne tâteront plus des restaurants du Palais-Royal, in-8°.

La bataille des quatre coqs, ou la grande victoire remportée par le Coq Napoléon, par Lubry, in-8°.

Nous serions dans de beaux draps sans la chute des chevaliers de l'éteignoir, in-8°.

Grand désespoir des royalistes, ils non (sic) *plus de queue*, in-8°.

Abdication de Polichinel, roi de Cocagne, en faveur de son frère Charles X.

L'écho des buttes Saint-Chaumont, ou Raguse en a menti!... par un militaire blessé à la bataille de Paris, M..., sous-officier d'infanterie de ligne, in-8°.

Le nouveau Charles le boiteux, ou le Prince de Bienauvent (Bénévent), par M..., sergent-major au 1er régiment d'infanterie de ligne, in-8°.

La canaille dans les gens comme il faut, et les gens comme il faut dans la canaille, in-8° (cette brochure eut deux éditions, la dernière est datée de juin 1815).

Le mea maxima culpa des émigrés, des royalistes et des chevaliers de l'éteignoir, in-8°.

Vous ne l'aurez pas votre paire de Gand, in-8°. (Réponse à une ronde chantée par les royalistes, *Rendez-nous notre paire de Gand*, en équivoquant sur les mots père et paire, gant et Gand. Leur « Père de Gand » était, on le sait, réfugié dans cette ville.)

De leur côté les royalistes dans leurs écrits, et surtout après Waterloo, étaient encore plus violents, que leurs adversaires. Mais instruits par le retour foudroyant de l'île d'Elbe, craignant, quand même, un retour de Sainte-Hélène, aucun des exaltés dont les œuvres vont suivre, n'a osé les signer. Est-ce pudeur? — Est-ce prudence?

> *Au Roi!* par L. A. S. A. D. S. R. E. D. S. P. (Les bibliographes ont fini cependant par découvrir que cet alphabet incohérent signifiait : Louis-Antoine Salmon, ami de son roi et de sa patrie.) In-8°.
>
> *De la nouvelle noblesse,* par A. J. M. D. S. A. G. A. A. L. C. I. D. P. (Pour celui-là impossible aux plus habiles de le deviner.) In-8°.
>
> *Que deviendra Napoléon ? mourra-t-il ? ne mourra-t-il pas ?* (sans date), in-8°.
>
> *Réflexions sur la nécessité de la mort de Buonaparte,* par F. T. D., in-8°.

Cet appel à l'assassinat de Napoléon vaincu, exilé, captif, n'est malheureusement pas un fait isolé dans cette époque d'exaltation frénétique. Le général de Beurnonville, ancien lieutenant des gardes du comte d'Artois (1789), ancien général de la première République (1792), ancien Ministre de la guerre (1793), ancien ambassadeur du premier consul (1800), grand-officier de la Légion d'Honneur (1804), Sénateur (1805), Comte de l'Empire (1809), Beurnonville, disons-nous, osait écrire le 16 novembre 1815, au Commandant pour le Roi de l'île Bourbon, « en l'engageant à détacher quelques corsaires de son île et à faire enlever et pendre Buonaparte [1] » ! Sans insister revenons à nos livres et à leurs titres aussi suggestifs que pittoresques :

> *Plus de 93 ! A bas la clique de Marat, de Robespierre, les Français n'en veulent plus,* in-4°.
>
> *Robespierre et Buonaparte,* in-8°.
>
> *Le guide des Historiens, ou esquisse très succincte, mais très véridique, d'une partie de la vie du plus exécrable brigand que la terre ait jamais produit,* in-16.
>
> *Le brigand corse, ou crimes, forfaits, attentats de Nicolas Bonaparte, depuis l'âge de treize ans (sic) jusqu'à son exil à Sainte-Hélène,* in-18.

---

1. Lettre autographe signée, classée n° 12 dans le catalogue d'une vente d'autographes du 30 janvier 1891 ; catalogue dressé par M. Et. Charavay.

Au milieu de tous ces insulteurs dont Alfred de Musset aurait pu dire aussi avec raison :

> Combien au jour de la curée
> Etiez-vous de corbeaux contre l'aigle expirant !

Il en est deux qu'il faut remarquer ; l'un a nié le génie militaire de l'Empereur, et le second a célébré le courage de Louis XVIII. Même les adversaires de ce souverain ont rendu hommage à son esprit, à ses talents politiques ; mais vanter son courage, cela dépasse quelque peu l'hyperbole.

Les Napoléonides, ou forfanteries politiques et militaires de Buonaparte, par S. M., in-8°.
Traits héroïques et courageux de S. M. Louis XVIII, in-8°.

De cette tourbe immonde il faut séparer un écrit virulent qui, grâce au nom illustre de son auteur, est le seul qui soit resté dans la mémoire des lettrés, nous voulons parler de :

De Buonaparte et des Bourbons, ou de la nécessité de se rallier à nos princes légitimes, par F.-A. de Chateaubriand. Paris, chez Mame frères, in-8°.

Cet opuscule eut plusieurs éditions, il suscita de nombreuses réfutations et amena de longues polémiques, et cela se comprend. Si le roi Louis XVIII déclarait que cette brochure avait plus fait qu'une armée pour la cause de la Restauration, M. le chancelier Pasquier[1], esprit fin et modéré qu'on ne peut accuser de Bonapartisme, déclare : « Je doute qu'il y ait jamais existé dans aucune langue une diatribe aussi violente, aussi excessive » et il ajoute : « qu'elle a causé les plus grands embarras aux hommes

---

[1]. *Mémoires* du chancelier Pasquier, *Histoire de mon temps*, t. II, p. 272-3.

qui dirigeaient les affaires..... qu'elle fut au moment de causer une explosion dans le parti militaire..... » et enfin « qu'elle a semé des sentiments d'indignation dans l'âme de tant d'hommes qui se trouvèrent injuriés dans la personne de celui qui avait été si longtemps leur chef. »

Si une brochure écrite par un homme grave ou soi-disant tel, a suscité les sentiments dont parle le chancelier Pasquier, qu'ont dû penser « les hommes injuriés dans la personne de leur chef » de gens qui, dans les malheurs de la Patrie, dans le désastre de Waterloo, ont su trouver une agréable occasion de bouffonner ; en voici trois. Deux ont eu le triste courage de signer (est-ce de leur nom ?) leur œuvre inqualifiable ; le troisième a prudemment gardé l'anonyme :

> *Une représentation de la Chambre des représentants sous Buonaparte, parodie héroï-comique*, jouée au mois de juin 1815 (le mois de Waterloo!), par J.-B. Dufour, in-8°.
>
> *Le trône perdu, ou la chute du Corse, poème héroï-comique* (ils y tiennent) en quatre chants, par Talabot. Paris, 1815, in-8°.
>
> *Buonaparte, ou l'abus de l'abdication, pièce héroïco-romantico-bouffonne (sic)* en cinq actes et en prose, ornée de danses, de chants, de combats, d'incendies, d'évolutions militaires. Paris, in-8°, Dentu, 1815.

Quérard croit avoir découvert que ce libelle anonyme était l'œuvre de Martainville, le rédacteur, ordinairement courageux, de la Quotidienne et du Drapeau blanc. Deux fois tant pis pour lui et d'avoir écrit un tel pamphlet et de n'avoir pas osé le signer, même après la chute du « Corse » ! Mais, nous l'avons dit, les anonymes, les pseudonymes fourmillent dans ces jours lamentables. En voici un cependant pour lequel nous demandons grâce, tant il est original :

> *Buonaparte, sa famille et sa cour*, par un Chambellan, forcé à l'être. Paris, 2 vol. in-8°.

Ce *chambellan forcé à l'être* est tout simplement immense ! — Il rappelle le *Médecin malgré lui*, et les arguments frappants qui, lui aussi, l'avaient forcé à être médecin. — Il rappelle mieux encore Baour-Lormian, le traducteur du Tasse, ce poète justement oublié,

Ce Tasse de Toulouse
Qui mourut in-quarto et remourut in-douze.

Un jour, mais après la mort de « l'ogre de Corse », il vociférait contre « l'usurpateur », un assistant lui fit timidement remarquer que le « tyran » lui avait accordé cependant une belle pension de six mille livres. — Oui, Monsieur, répliqua Baour d'un ton farouche, mais c'était pour m'humilier !...

Très probable que pour avoir été « *forcé à l'être* » le susdit chambellan avait dû subir une semblable humiliation !

Mais laissons ces diatribes, ces pamphlets, cependant il en est un qui, peut-être, les résume tous avec grand bon sens, c'est celui qui a pour titre : *Ah ! que c'est bête ! revue des pamphlets*[1]. S'ils n'étaient que bêtes, passe encore ; mais que de fureurs, de lâchetés, de trahisons dans les titres de ces œuvres aujourd'hui si oubliées ! Rentrons dans notre calme et modeste domaine de la bibliographie et, répétons-le, la bibliographie est l'auxiliaire indispensable de toute étude sérieuse. La première question qu'un travailleur adresse à un bibliothécaire, c'est de lui demander quels sont les ouvrages qu'il doit consulter. Or, en général, les bibliothécaires sont savants, mais ils ne sont pas omniscients ; avec de bonnes bibliographies, bien des mécomptes seraient évités.

De bonnes bibliographies, il en existe de deux sortes. Les unes traitent des livres étudiés sous le rapport de leur

---

1. Beuchot attribue cette brochure, signée Gaspard l'Avisé, à Antoine Caillot, écrivain fécond et qui dans son temps eut une certaine réputation. Il a surtout beaucoup écrit pour la jeunesse.

beauté, de leur rareté, de leur prix. Le *Manuel* de Brunet en est le type par excellence ; c'est un ouvrage indispensable aux amateurs. D'autres ne regardent dans les livres que leur utilité, leur contenu et les classent pour les travailleurs d'après les sujets que ces livres traitent. Tel, le *Nouveau Manuel de bibliographie universelle,* de MM. F. Denis, Pinson et de Martonne, mais il a pour principal défaut, d'avoir été publié il y a trente-sept ans, en 1857. — Il existe également des bibliographies spéciales, mais il en existe fort peu. Parmi les plus récentes on peut citer, par exemple comme remarquables, la bibliographie des *incunables* de M. Thierry-Poux, celles consacrées à la médecine par M. Pauly[1], de M. Tourneux sur la Révolution française[2]. Quant à l'époque napoléonienne, M. Alberto Lumbroso est *le premier* qui ait osé aborder franchement cette tâche gigantesque. — En effet, la période 1792-1815 du *Catalogue de la Bibliothèque nationale* n'est qu'un fragment d'un vaste ensemble, fragment dans lequel les recherches sont longues et difficiles et de plus ne peuvent être complètes, car ce magnifique établissement, très riche en ouvrages français, l'est beaucoup moins en ce qui concerne les livres publiés à l'étranger.

Après ce *Catalogue* on trouve vingt-sept colonnes consacrées à Napoléon dans la *Bibliographie-Biographique universelle* de Œttinger[4], puis trente colonnes en appendice à l'article « Napoléon » de Rapetti dans la *Nouvelle Biographie générale* de MM. Didot... et puis ? — et puis c'est tout, du moins à notre connaissance. — Aussi ne doit-on pas être surpris de voir un érudit français qui a consacré son existence à l'étude du premier Empire, écrire

---

1. *Bibliographie historique des sciences médicales,* 1 vol. in-8°. — *Catalogue des sciences médicales de la Bibliothèque nationale,* 2 vol. in-4°.
2. *Bibliographie de l'histoire de Paris pendant la révolution,* 2 vol. in-4°, Paris, 1894.
3. Cet ouvrage forme deux volumes grand in-8°, Paris, 1866 ; la partie consacrée à l'Empereur Napoléon se trouve tome II, colonnes 1263 à 1290. Chaque colonne renferme la mention de vingt à vingt-cinq ouvrages.

à M. Lumbroso : « J'ai dû pour mes travaux chercher dans les bibliographies générales... tout cela est très incomplet et très vague [1] » : quiconque a étudié l'histoire du dix-neuvième siècle sera de cet avis.

Aussi doit-on regarder comme un important service rendu aux sciences et aux lettres, rendu aux travailleurs ou aux simples curieux, la publication dont nous avons donné le titre au début de cet article ; mais avant d'aborder l'examen de cet « Essai », qu'il nous soit permis d'exposer brièvement les méthodes que d'ordinaire suivent les bibliographes.

Depuis A. Vanegas de Busto, le premier écrivain qui se soit occupé de la classification des livres et de l'ordre dans lequel une bibliothèque doit être rangée [2], en un mot de bibliographie, depuis Busto, jusqu'à nos jours, trois systèmes principaux ont été employés pour la rédaction des catalogues pour l'arrangement des volumes :

1º L'ordre méthodique ;
2º L'ordre alphabétique par titre d'ouvrages ;
3º L'ordre alphabétique par nom d'auteurs.

L'ordre méthodique qui, en apparence semble le meilleur, celui qui devrait offrir au chercheur le plus de facilité, n'est pour ainsi dire utile qu'à l'homme qui a rédigé un catalogue pour ses recherches personnelles. Il n'a pas de bases fixes, indiscutables. Suivant le point qui frappe le plus votre esprit, vers lequel vous dirigez vos investigations, vous chercherez un ouvrage là où le classificateur, jugeant tout autrement, ne l'aura pas inscrit. Conclusion : recherches vaines ; perte de temps, irritation contre l'auteur. Un exemple entre mille : pour vos travaux, d'après la nature de ces travaux vous pouvez, avec apparence de raison, classer un des ouvrages les plus connus : *Les Aven-*

---

1. Préface, p. xv.
2. Al. Vanegas de Busto, *Primera parte de las diferencias de libros que ay en el universo*, Toledo, 1540, petit in-4º.

tures de Télémaque, soit à — Classique Français — ouvrage pour les enfants — pédagogie — philosophie — morale — économie politique — politique — roman — voyage imaginaire — poème en prose — imitation de l'antiquité — et chacun de ces classements peut être défendu !

Dans le sujet qui nous occupe, pour l'homme qui cherche à étudier Napoléon sous une des faces multiples de son génie, soit comme législateur, ou administrateur, ou moraliste ou comme orateur, sous quelle rubrique classera-t-on les fameuses *Discussions du Conseil d'État ?* — Bien évidemment sous la principale : législation. — Oui, mais alors celui qui ne se préoccupe que l'art oratoire, ou celui qui n'a en vue que la morale, s'ils ne connaissent pas ces « Discussions » ils passeront à côté, négligeant involontairement une des principales sources de renseignements, et leur guide incomplet, imparfait, au moins à leur point de vue, les aura induit en erreur.

Dans le Catalogue de la Bibliothèque (il faut toujours y revenir) on a cherché à combiner l'ordre méthodique avec un certain ordre chronologique, c'est-à-dire en cherchant à unir l'ordre d'après la matière traitée et l'ordre d'après la date de l'impression, ou enfin d'après l'époque qui fait l'objet de la publication. Ainsi à côté des écrits parus au moment de la mort de Napoléon, on a mis des ouvrages très postérieurs. Qu'en résulte-t-il ? — C'est que pour faire une recherche complète sur l'histoire de Napoléon, il faut dépouiller dix volumes du Catalogue, sur les onze qui le composent actuellement [1].

En effet, et ceci soit dit pour servir de guide aux chercheurs, ils trouveront dans le

Tome Ier : Les collections de mémoires depuis la Révolution ; les généralités sur la dynastie impériale ;

---

[1]. Le tome II seul ne renferme *rien* sur cette époque. Les derniers suppléments sont depuis longtemps à l'impression.

Tome III : Tout ce qui se rapporte à l'histoire de la Révolution, du Directoire, du Consulat, de l'Empire, des Cent-Jours, des deux restaurations ;
Tome IV : Les journaux, les annuaires, etc. ;
Tome V : L'Histoire ecclésiastique, les concordats, etc. ;
Tome VI : Tout ce qui concerne la Constitution de l'an VIII, la Constitution de l'an XII, la Constitution sénatoriale de 1814, l'acte additionnel de 1815, les Assemblées délibérantes du Directoire, du Consulat, de l'Empire, des Cent-Jours, etc. ;
Tome VII : Histoire administrative. — Administration centrale. — Histoire des divers ministères. — Histoire diplomatique. — Histoire militaire. — Mœurs et coutumes des Français.
Tome VIII : Histoire locale de la France et des Colonies.
Tome IX : Histoire locale *(suite)*. — Histoire des classes. — Histoire des familles. — Biographies.
Tome X : Biographies *(suite)*. — Suppléments aux dix premiers volumes.
Tome XI : Suppléments aux dix premiers volumes jusqu'à 1879.

Les tomes suivants des Suppléments n'ont pas encore été publiés. Quand paraîtront-ils ?

Est-ce tout ? non certes ; pour tout connaître sur cette glorieuse époque il faut encore fouiller dans les catalogues spéciaux de la poésie [1], du théâtre, de l'histoire de chacun des pays étrangers (ils sont nombreux !) qui ont eu des rapports hostiles ou amicaux avec l'Empereur.

Le Catalogue de l'Histoire de France n'est pas le Catalogue de l'histoire de Napoléon, il faut se hâter de le re-

---

[1]. Ces catalogues ne sont pas imprimés, ils existent manuscrits ; le titre sommaire des poésies historiques et politiques se trouve sans numéro d'ordre avec l'histoire.

connaître ; mais aussi ne peut-il suppléer à une bibliographie spéciale telle que celle entreprise par M. Lumbroso, c'est un point sur lequel il est nécessaire d'insister. Et quant aux regrets que nous avons exprimés plus haut sur l'ordre méthodique adopté, sur la façon dont cette classification a été appliquée, ces regrets, disons peut-être ces reproches, ne s'adressent pas à l'administration actuelle ; elle n'est aucunement responsable de ce plan défectueux. Il n'aurait jamais été admis par un bibliothécaire de carrière par un maître tel que M. Léopold Delisle, auquel le monde savant rend un juste hommage ; si cet immense travail était à recommencer, il serait repris aujourd'hui sur des bases toutes différentes.

Quelle méthode choisirait l'administration ? Serait-ce un ordre méthodique amélioré ? Le classement alphabétique par noms d'auteurs, ou celui par titres d'ouvrages ? Ces deux derniers demandent quelque patience dans les recherches, mais ils sont indiscutables. Tous deux offrent des avantages divers.

L'ordre alphabétique par titres d'ouvrages doit un peu suppléer à l'ordre méthodique en groupant les œuvres de titres semblables. Ainsi prenons comme exemple le seul chapitre des « généralités sur le premier Empire » du catalogue de la Bibliothèque. Ce chapitre donne la liste de 344 ouvrages dont 117 (le tiers) commencent par Histoire de Napoléon, 25 par Napoléon, 16 par Vie du même, 7 par Souvenirs, 3 par Bonaparte... d'autres par Précis, Abrégé, Tableau, Annales [1], etc., etc. — Voici donc une sorte de classement naturel tout à la fois méthodique et alphabétique. Autour du mot français « Histoire » viennent naturellement se ranger le danois et le suédois « Historie », l'espagnol « Historia », l'anglais « History », puis après

---

1. Un ouvrage a même pour titre (nous le citons comme curiosité) : *Calendrier Napoléonien*, présentant pour chaque jour de l'année, une époque mémorable de la vie de Napoléon Bonaparte, depuis sa naissance jusqu'à sa mort, Paris, 1821, in-8º.

l'italien « Istoria » avec le vocable russe presque semblable. Pour découvrir ensuite l'allemand « Geschichte », ou le hollandais « Gieschedenis », il n'est pas besoin d'être un philologue émérite.

Cet ordre permettrait encore de réunir les récits officiels des sièges et des batailles qui, sous le premier Empire, étaient presque toujours intitulés « Relation » ; une série considérable de documents législatifs se trouverait au mot « rapport », une autre au mot « Mémoires », une autre à « anecdotes », etc., etc.

Ordre alphabétique, ordre méthodique, il faut le reconnaître, n'empêcheront jamais certaines gens de chercher à tort et à travers ou de commettre des bévues. Dans le monde des Bibliothécaires, on sourit encore au souvenir de ce jeune débutant qui, malgré ses recherches, n'avait pu trouver les *Œuvres de Jansénius*, bien qu'il les eût cherché à *Jean* et à *Sénius*. J'ai eu sous les yeux un catalogue méthodique dans lequel un pamphlet religieux « Onguent pour la morsure de la vipère noire » était classé à la médecine ; lorsque, jeune employé, je fus chargé de réviser le catalogue de la bibliothèque du Ministère de l'Instruction publique, je trouvai que le bibliothécaire (ou soi-disant tel), qui m'avait préparé le travail, avait mis naturellement les Comptes-rendus de l'Académie des Sciences à la lettre C, mais il avait placé à la lettre T les tables de ce recueil. A la même époque, c'était sous la seconde République, un maire d'une des grandes villes de France (alors les maires étaient quelquefois assez mal choisis), écrivait au ministre pour lui demander les Œuvres « de M. Kosmo, baron de Humblo », le malheureux voulait dire le Cosmos du baron de Humboldt. — Moralité : point de bons catalogues pour les mauvais ouvriers.

M. Alberto Lumbroso, pour sa *Bibliographie raisonnée de l'époque napoléonienne*, a choisi l'ordre alphabétique par noms d'auteurs. Cet ordre, il faut le reconnaître, présente également quelques avantages. Dans les recherches, on se rappelle souvent plus d'un nom d'auteur que d'un long titre d'ouvrage. Tel qui ne pourrait énumérer la kyrielle de volumes dus aux plumes trop fécondes de la duchesse d'Abrantès ou de Marco Saint-Hilaire, est heureux de retrouver leurs écrits à la suite de leur nom. Mais peu importe, au fond, la méthode adoptée, l'essentiel est qu'un travail aussi gigantesque que celui entrepris par M. Al. Lumbroso, soit mené à bonne fin. L'essai qu'il publie pour recueillir les avis, les observations des juges compétents [1], est une preuve de la modestie de l'auteur ; il donne une idée de la quantité innombrable de documents de toute nature qu'il a su réunir dans l'Europe, dans le monde entier sur l'époque mémorable dont il s'occupe le premier, en ce qui concerne la bibliographie. Ce travail prouve également qu'à la patience, à la ténacité du bibliographe, M. Lumbroso sait joindre le sens critique, et que dans les documents qu'il a réunis, il distingue le bon grain de l'ivraie. Il n'est pas seulement un collectionneur de titres de livres venus de tous les bouts du monde, il montre qu'il peut servir de guide aux travailleurs.

A-t-il, par exemple, à citer l'ouvrage anglais d'Alison, qui jouit d'une grande réputation, « *History of Europe...,* 1789 *to* 1815 », M. Lumbroso a grand soin de signaler en même temps les articles critiques publiés sur cette histoire par la classique *Revue d'Edimbourg,* et la non moins réputée *Quarterly Review*. Il n'oublie même pas la réfutation toute récente qu'a faite M. A. Lévy dans son *Napoléon intime*, du récit d'Alison à propos de la rupture de la paix d'Amiens.

S'il s'agit d'un de ces immondes pamphlets éclos en 1814-1815, *Amours secrètes et Aventures honteuses de Napoléon Bonaparte*, notre auteur se garde avec raison d'analyser cette œuvre inqualifiable, mais par un rapprochement malicieux, il cite à propos de cette ignominie un

---

[1]. Cet essai n'a été tiré qu'à deux cents exemplaires.

passage sévère de Victor Hugo (... « Rome alors admirait ses vertus »), inséré dans son volume *le Rhin*, et publié en 1845.

Voici Ernest-Maurice Arndt, un des plus fougueux, un des plus éloquents adversaires de l'Empereur, mais de l'Empereur vivant, de l'Empereur dans sa toute-puissance. Par sa chanson « *Quelle est la patrie de l'Allemand ? Elle est partout où l'on parle Allemand !* » il exerça sur son pays une action aussi grande que Rouget de l'Isle sur le nôtre avec la *Marseillaise* : les cent vers dont se compose ce chant patriotique ont plus contribué à faire l'unité allemande que les cent mille coups de canon de Sadowa. De nos jours, on invoque encore contre nous les écrits de Arndt, ne serait-ce que le volume publié à Leipsick en 1813 « *le Rhin est un fleuve allemand et non pas une frontière allemande* » et cependant les écrivains français qui ont eu à s'occuper de cet auteur ne citent guère de lui que son *Esprit du temps* qui eut de nombreuses éditions. M. Lumbroso, lui, consacre quatre grandes pages à donner les titres séparés d'une cinquantaine de livres, de pamphlets, de chansons politiques dus à la plume de Maurice Arndt, sans oublier la satire singulière dirigée contre l'Empereur et les siens, sous le titre de *la Cigogne et sa famille*, tragédie (*sic*) en trois actes; sans oublier les écrivains assez nombreux qui ont eu à le critiquer ou à l'applaudir, sans omettre ses *Œuvres complètes*[1], publiées après sa mort, en 45 volumes — oui, en 45 volumes, car on peut savoir quand un Allemand commence à écrire, on ne peut savoir quand il s'arrêtera. Arndt mourut en 1860, et ses œuvres complètes (le sont-elles ?) vont de 1796 à 1875 (*sic*) !

Une autre preuve de cette... abondance des Allemands,

---

[1]. Les *Œuvres complètes* ne renferment pas seulement les attaques de Arndt contre l'Empereur et sa politique. Après la chute de Napoléon, cet auteur a lutté avec énergie contre les souverains allemands qui ne tenaient pas les engagements pris en 1813.

s'il était nécessaire de la donner, M. Lumbroso nous la fournirait, lorsqu'il cite : 1° Un recueil d'*Anecdotes sur Napoléon* pour servir d'éclaircissement à sa manière de penser, à son caractère, à ses actes [1] » et formant *quatorze volumes*, et 2° (plus fort encore que l'anonyme aux quatorze volumes) C. F. R. Aüer, avec son ouvrage intitulé : *Napoléon et ses héros, Recueil d'anecdotes authentiques, de pensées*, etc., publié à Leipzick, encore de 1833 à 1836, en *seize volumes !* M. Lumbroso dit bien : petits volumes (volumetti), mais enfin seize volumes d'un côté, quatorze de l'autre, voilà donc deux anecdotiers qui, à eux seuls, nous offrent trente volumes d'anecdotes. — Que d'anecdotes !

Ce que nous venons de dire à propos de quelques-uns des ouvrages décrits et analysés par notre auteur, montre que sa bibliographie porte avec raison l'épithète de *ragionata* (raisonnée) qu'il lui donne. Nous ne pousserons donc pas plus loin nos citations, si abrégées qu'elles soient. Remarquons seulement que non content d'énumérer, de décrire les livres, il mentionne même jusqu'à des articles de journaux, jusqu'à des autographes dont il a recueilli des analyses ou des fragments dans les catalogues de ventes. Tant de documents sont de nature à effrayer quelque peu le lecteur, qui pourra craindre de s'égarer dans une telle quantité de renseignements.

On le sait, un chercheur ne veut rien perdre de ses trouvailles, c'est quelquefois un défaut, et M. Lumbroso, il faut l'avouer, a un petit peu succombé à la tentation. S'il nous était permis de lui donner un conseil, nous l'engagerions à supprimer des articles tels que celui consacré aux « astronomes et navigateurs » où il ne parle que de la « connaissance des temps », ouvrage d'une grande importance scientifique, mais qui ne concerne en rien l'histoire de l'époque napoléonienne. L'article sur Arnal est égale-

---

[1]. *Anekdoten von Napoleon, zur Erläuterung seiner Denk — und Gemüthsart und seiner Thaten*, 14 volumes et 13 gravures, Leipzick, 1823.

ment superflu du moins, tant que l'auteur n'aura pas vérifié si le volume de vers de cet acteur charmant, a quelque rapport avec cette même époque.

Et puisque nous en sommes aux observations critiques, signalons encore deux ou trois petits faits à M. Lumbroso.

Le général Larchey[1] que nous avons eu l'honneur de connaître particulièrement, est bien entré au service militaire sous le premier Empire, mais ce fut sous Napoléon III, après la guerre de Crimée, qu'il fut nommé général de division pour ses longs et beaux services. On retrouvera son nom à l'article consacré à son fils, M. Lorédan Larchey, l'éditeur sagace des *Cahiers du capitaine Coignet*, des *Mémoires du canonnier Brincard*, du *sergent Fricasse*, l'auteur de tant de publications charmantes où l'esprit se mêle à l'érudition.

Audoin (Pierre-Jean) fut bien « nommé Consul en l'an VI », mais il ne fut jamais le collègue ni de Napoléon ni de Syès. Il fut tout simplement consul de France à Napoli de Romanie, consul tout court prête à l'équivoque. Les articles aux noms d'Abrantès, d'Albufera qui ne sont que des noms de duchés, devraient être reportés aux noms patronymiques de Junot, de Suchet.

Quant à Audoin (François-Xavier), à la liste des ouvrages donnée par M. Lumbroso, il faudrait ajouter « Réflexions sur l'armement en course, sa législation, ses avantages », Paris, an IX — 2 vol. in-8°. La position de défenseur au Conseil des Prises donnait à cet écrivain une compétence particulière pour traiter ce sujet.

Ces rares vétilles que nous venons de lever, prouveront à M. Lumbroso le soin avec lequel nous avons lu son volume[2].

1. Préface, page xxiv : « *Generale del primo impero* ».
2. ... « La minutie avec laquelle on passe en revue les catalogues de livres, témoigne de l'intérêt qu'on porte à ce genre de publications et montre en même temps l'impossibilité pour un bibliographe de dissiper tous les doutes dont il est assailli quand il est en présence d'une masse considérable de livres. C'est ce qu'il ne faut jamais perdre de vue quand un cri-

Il y a 28 ans, en 1866, dans sa belle étude intitulée *Biographie de Napoléon, de sa dynastie* et de *La Famille Bonaparte*[1], M. Rapetti disait avec regret : « la biblio- » graphie napoléonienne est si étendue qu'on ne saurait » espérer l'avoir complète. » Si la publication de M. Lumbroso ne donne pas dans les limites du possible un démenti à cette appréciation, qui le donnera ? — Les lettres A et B formeront, probablement à elles seules, un volume entier. La lettre A, la seule publiée avec son appendice, doit renfermer à peu près un millier de titres d'ouvrages, d'articles, etc., etc. ; elle doit donc être bien près du but indiqué.

M. Rapetti ajoutait : « ce qui n'est pas encore entière- » ment connu, ce qui dépasse déjà toute imagination, c'est » l'amas de livres composés dans les diverses langues du » genre humain sur Napoléon Bonaparte, ses opérations » militaires, ses institutions civiles, son caractère, son » gouvernement. » Sans faire une statistique des auteurs français, anglais, italiens et allemands (ce sont les plus nombreux), cités par M. Lumbroso, on trouve dans « l'essai » qui nous occupe, des ouvrages en suédois, en norvégien, en danois, en espagnol, en portugais, en russe ; des Grecs écrivant en français ou en italien. Des auteurs latins même et de la plus pure latinité : Tite-Live et Tacite, Suétone et Salluste, dont les centons habilement réunis par un ingénieux et savant latiniste, forment la plus singulière des histoires de la Révolution[2]. L'auteur de

tique vient après coup compléter ou rectifier des notices relatives à des textes sur lesquels des circonstances l'ont amené à porter son attention. » (Léopold Delisle, *Journal des Savants*, numéro de janvier 1894.)

1. Publiée dans le tome XXXVII de la *Nouvelle biographie générale* de Didot.
2. Voici le titre de cette compilation que M. Lumbroso a classé à auteurs latins : *Essai sur l'histoire de la Révolution française*, par une société d'auteurs latins... *Romæ, prope Cæsaris hortos*... et à Paris, près du jardin des Tuileries, 1 vol. in-16 de 103 pages. Le 18 brumaire, par exemple, est raconté par Tacite, Nepos, etc. : « Nunc demum redit animus. Unus qui nobis restituit rem... usus est non minus prudentia quam fortitudine... », etc.

cette curieuse compilation, qui faisait les délices de mon cher et regretté professeur Nisard, avait gardé l'anonyme. Mais grâce à une note manuscrite qui se trouve sur l'exemplaire appartenant à M. Lumbroso, on peut admettre que ce rarissime opuscule est dû à M. Duverger [1].

Dans l'énumération que nous venons de faire, nous n'avons pas parlé des auteurs orientaux ; ce ne sont pas les moins intéressants, et à coup sûr ce sont les moins connus. Voici, par exemple, Abd al Rhaman Ibn Hasan al Jabarti [2], membre du grand Divan que le général Bonaparte avait formé au Caire ; plus tard, en 1822 étranglé, dit-on, par ordre de Méhémet-Ali, pour avoir été un historien trop véridique. On a de lui un *Journal écrit pendant l'occupation française en Égypte* suivi d'un *Précis de la même campagne,* par Mou Allen Nakoula el Turki [3], puis encore les *Merveilles historiques et biographiques* [4], traduites de l'arabe, par Chefir Mansoûr-Bey, Abdulaziz Kahil-Bey, Nicolas Kahil-Bey, et Iskender Amoûn Effendi. Voici encore un autre Égyptien, Joseph Agoub qui, dans son coup d'œil historique sur l'Egypte, a traduit, en l'analysant, la grande description de ce pays, publiée par les savants français, à la suite de notre expédition. Dans le *Journal de l'expédition anglaise, en Égypte, en 1800,* du capitaine Walls [5], Agoub, qui écrivit en français l'introduction, émet ce jugement reproduit par M. Lumbroso : « l'Egypte, » dira la postérité, avait autrefois civilisé le monde, la » France eut à son tour civilisé l'Egypte si l'Angleterre » ne l'eût empêché. » Cette phrase, écrite en 1829, offre encore aujourd'hui certaine actualité.

1. La note dont nous parlons porte : Monsieur Duverger, qui a demeuré à Anvers (un émigré ?) et dont les deux filles y sont mariées à des négociants, est le compilateur, dit-on, de cet ouvrage rare.
2. On trouve également pour ce nom les formes de Gabarti et de Djabarti.
3. Traduit par A. Cardin, 1 vol. in-8º, 1838.
4. 9 vol. in-8º, Le Caire, Imprimerie Nationale, 1888.
5. Traduit de l'anglais par M. A. T., in-8º.

On le voit donc, M. Rapetti avait raison : les livres sur Napoléon sont écrits dans toutes les langues que parle le genre humain et la réunion de tous ces livres formerait une pyramide, une montagne. Dans la masse il y a certes beaucoup de fatras, de publications éphémères, sans valeur, sans importance. Mais que de documents indispensables à consulter quand on veut porter un jugement équitable sur le « grand homme », sur l'ensemble de son œuvre immense ! — lorsque, esprit impartial, on ne veut être classé ni dans les admirateurs quand même, ni dans les détracteurs aveugles.

Pour éviter le double écueil de l'enthousiasme irréfléchi ou du dénigrement systématique, il faut de toute nécessité recourir d'abord aux vraies sources, et là, pour ces recherches, M. Lumbroso sera le guide le plus sûr, puis ensuite, ce qui ne dépend plus de lui, savoir puiser à ces sources avec discernement. Après avoir lu « l'essai » que nous avons tenté de faire connaître, après avoir entrevu ce que peut, ce que doit être une bibliothèque napoléonienne, nul n'écrira plus ce que vient d'oser imprimer dans le *Correspondant*, M. de Lanzac de Laborie. Dans un article intitulé « Le Lion amoureux », cet auteur, en parlant d'un ouvrage tout récent, attaque violemment la mémoire de l'Empereur, et il dit, ce qui ôte toute autorité à ses dires : « Je réserve pour ma part, à cet ouvrage, une place d'honneur dans ma *bibliothèque napoléonienne*, je veux dire entre Taine et Lanfrey. »

Une bibliothèque napoléonienne qui ne se compose que de Taine et de Lanfrey !

Qu'en pensez-vous, monsieur Lumbroso ?

VERSAILLES, IMPRIMERIE CERF ET Cie, 59, RUE DUPLESSIS.

EXTRAIT DE LA *REVUE DE LA FRANCE MODERNE*

(MARS 1894)

www.ingramcontent.com/pod-product-compliance
Lightning Source LLC
Chambersburg PA
CBHW060711050426
42451CB00010B/1392